# NORMAND ET GASCON

## OU

# L'EMBARRAS DU CHOIX

### SCÈNE COMIQUE

POUR DISTRIBUTIONS DE PRIX, FÊTES DE FAMILLE,
RÉCRÉATIONS LITTÉRAIRES, ETC.,

par

## JOVIAL ET FRISEPOULET.

SAINT-ÉTIENNE

PASTEUR, LIBRAIRE, RUE FROIDE.

—

1865

# NORMAND ET GASCON

OU

# L'EMBARRAS DU CHOIX

SCÈNE COMIQUE

POUR DISTRIBUTIONS DE PRIX, FÊTES DE FAMILLE,
RÉCRÉATIONS LITTÉRAIRES, ETC.,

par

## JOVIAL ET FRISEPOULET.

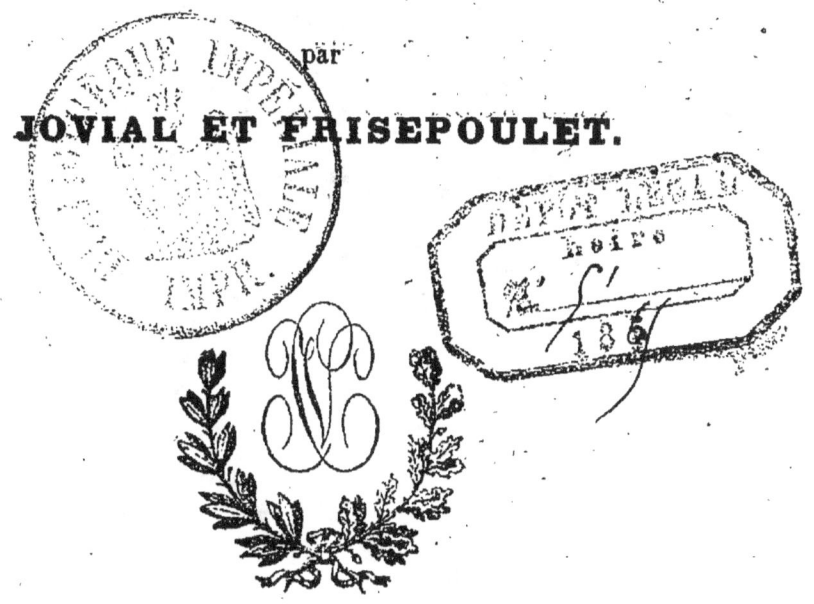

SAINT-ÉTIENNE

PASTEUR, LIBRAIRE, RUE FROIDE.

—

1865

## PERSONNAGES :

M. PÉTELLE, rentier.

LE NORMAND, domestique.

LE GASCON, domestique.

M. CASSECROUX, ami de M. Pételle.

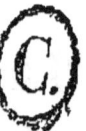

# NORMAND ET GASCON

## OU

# L'EMBARRAS DU CHOIX

### scène comique

PAR

## JOVIAL ET FRISEPOULET.

———◦———

**M. PÉTELLE** (entre, ayant à sa droite le gascon et à sa gauche le normand).

C'est entendu.

**LE NORMAND.**

Oui, bien entendu ; vous nous donnerez deux cents francs de gages.

**LE GASCON.**

Oui ; allons, c'est compris ; n'en parlons plus.

**M. PÉTELLE** (tendant la main pour prendre le bras du gascon).

Donnez-moi votre bras.

**LE GASCON.**

Mon bras ?

**M. PÉTELLE.**

Oui.

**LE GASCON.**

Mais, c'est pas convenu, çà ? (A part.) Que veut-il faire ?

**M. PÉTELLE.**

Je veux vous tâter le pouls.

**LE GASCON.**

Me tâter le pouls ? mais je ne suis pas malade.

M. PÉTELLE.

C'est égal.

LE GASCON.

Mais du tout, ce n'est pas égal; on ne tâte pas le pouls aux gens qui se portent bien.

M. PÉTELLE.

C'est un usage que je tiens de mon père, qui le tenait de mon grand-père, lequel l'avait vu pratiquer à son père.

LE GASCON (un peu en colère.)

Vous le tiendriez du diable, monsieur, que vous ne me tâterez pas le pouls; vous n'êtes pas médecin et je ne suis pas malade.

M. PÉTELLE.

Calmez-vous, mon ami, il s'agit autant de votre intérêt que du mien : en vous tâtant le pouls, je vous tâte la tête, et ce n'est pas chose indifférente qu'une tête bien faite portée par un bon domestique.

LE GASCON.

Ah ! si c'est cela... et vous tenez ce secret de vos aïeux ?

M. PÉTELLE.

Oui.

LE NORMAND.

C'est un vieil usage; on doit le respecter.

LE GASCON.

Pardine ! je donnerais bien le pied aussi. (Il tend le bras et M. Pételle lui tâte le pouls.)

M. PÉTELLE (gravement.)

Oui, il y a du bon.

LE GASCON.

Ah ! je crois bien qu'il y en a, et plus qu'on ne pense.

M. PÉTELLE (prenant la main du normand.)

Voyons, vous ; (gravement) c'est mieux.

LE GASCON.

J'y comprends rien dans tout ça; il me semble que je suis dans un hôpital.

M. PÉTELLE.

Eh bien ! mon ami, sachez qu'on ne doit jamais parler de

ce qu'on ne comprend pas. Ce n'est pas tout : avant de vous engager définitivement à mon service, je veux vous éprouver pendant huit jours ; quand on donne de bons gages, on doit avoir de bons domestiques. Jusqu'ici les bons gages n'ont pas manqué, ce sont les bons domestiques. Pendant huit jours je vais donc vous éprouver sur l'obéissance et sur la probité.

LE NORMAND.

Quant à moi, monsieur, soyez tranquille sur ces deux points : j'ai l'une et l'autre.

LE GASCON.

Et moi, donc ?

LE NORMAND.

Oh ! toi ?.... assez causé.

LE GASCON.

C'est ça, pardine, viens blaguer, toi, comme si nous n'étions pas deux vieilles connaissances.

M. PÉTELLE (s'adressant au gascon.)

Où êtes-vous né, vous ?

LE GASCON.

Sur les bords de la Garonne.

M. PÉTELLE.

Ah ! vous êtes gascon ? tant pis.

LE NORMAND.

Les gascons, c'est connu.....

M. PÉTELLE.

Oui, c'est trop connu..... Et vous, d'où êtes-vous ?

LE NORMAND.

De la Seine-Inférieure.

M. PÉTELLE.

Ah ! vous êtes normand ?.... Diantre !..... Un gascon et un normand.

LE GASCON.

Monsieur connaît sans doute le proverbe : « Un normand et un voleur ça fait deux fripons. »

LE NORMAND (avec vivacité.)

Laisse mes proverbes ou je vais dire les tiens, gascon !

**M. PÉTELLE.**

Assez, mes amis. (s'adressant au normand.) Avez-vous occupé beaucoup de places, vous?

**LE NORMAND.**

Beaucoup, monsieur, et j'ai fait un peu de tout, je n'ai oublié qu'une chose, c'est de faire fortune.

**M. PÉTELLE** (s'adressant au gascon.)

Et vous, y a-t-il longtemps que vous avez quitté le pays?

**LE GASCON.**

Oui, monsieur, il y a si longtemps que je ne m'en souviens plus.

**M. PÉTELLE.**

Vos parents sont-ils en vie?

**LE GASCON.**

J'ai ma mère, mais je n'ai plus mon père. Ah! ce bon père, je l'ai perdu le même jour de sa mort. Aussi j'ai pleuré et crié comme un bâton qui a perdu son aveugle.

**M. PÉTELLE.**

Vous voulez dire comme un aveugle qui a perdu son bâton?

**LE GASCON.**

C'est cela.

**M. PÉTELLE.**

Etes-vous d'une grande famille?

**LE GASCON.**

Ah! je crois bien; elle a fait beaucoup de bruit dans le monde : mon grand-père était tambour; son père était trompette; le mien sonnait les cloches de la paroisse et ma mère criait des huîtres.

**M. PÉTELLE.**

Que du bruit!.... Etes-vous nombreux de famille?

**LE GASCON.**

J'étions trois enfants : deux filles et un garçon, et c'est moi qui suis le garçon.

**LE NORMAND.**

Est-il besoin de le dire, imbécile?

**LE GASCON.**

T'es bien plus imbécile; on doit rien cacher à monsieur; faut être franc.

**LE NORMAND.**

Il faut être franc, mais il ne faut pas être bête; c'est bien sûr que tu es le garçon, si tu es le seul qu'il y ait dans ta famille.

**LE GASCON.**

C'est sûr; bien sûr que c'est sûr; mais voilà-t-il pas que l'autre jour ce *finot* de perruquier qu'est habitué à ne raser que des boucs, m'avait barbouillé de savon pour me raser, puis il s'en va sur le bord de sa porte et se met à siffler. Qué que vous appelez donc là, que je lui dis, votre chien ? — Non, qui m'a fait, c'est votre barbe, elle ne veut pas venir. Faut pourtant être juste, n'est-ce pas, monsieur, ça vaut bien la peine de faire tant d'embarras pour quelques poils de plus ou de moins ?

**M. PÉTELLE.**

Où voulez-vous donc en venir ?

**LE GASCON.**

Monsieur, je suis à votre disposition; j'irai partout où vous voudrez.

**M. PÉTELLE.**

Ce n'est pas cela; voyons, que savez-vous faire ? savez-vous mener en postillon ?

**LE GASCON.**

Oh ! que oui; la preuve, c'est que c'est moi qui ai eu l'honneur l'an passé de verser monsieur sur la grand'route.

**M. PÉTELLE.**

C'est vous, vraiment ?

**LE GASCON** (avec satisfaction).

Oui, monsieur, moi-même.

**M. PÉTELLE.**

Je vous en fais mes compliments.

**LE GASCON.**

Oh ! monsieur, vous êtes bien bon, ça n'en vaut pas la peine.

**M. PÉTELLE.**

A propos, aimez-vous bien le travail ?

**LE GASCON.**

Beaucoup, monsieur : à preuve que lorsque mes maîtres, entrant tout-à-coup dans la cuisine ou ailleurs, me trou-

vaient bien ronflant et dormant, ils me disaient : « Eh !
quoi, Pierre, tu dors ? » Moi je me réveillais aussitôt et leur
disais : « Dame, monsieur, c'est que je n'aimons pas à rien
faire. »

M. PÉTELLE.

Que faisiez-vous au pays avant de partir ?

LE GASCON.

Je gardais les dindons et les oies ; je les soignais et les
aimais, fallait voir ! J'étais avec eux comme au milieu de
ma famille. Eux et moi ne faisions qu'un.

M. PÉTELLE.

Ah ! je crois bien. Tout de même me voilà bien embar-
rassé.

LE GASCON.

Comment, monsieur ?

M. PÉTELLE.

Eh ! oui ; je n'ai eu jusqu'ici, en fait de domestiques, que
des fripons ou des imbéciles et je crains que....

LE GASCON.

Vous craignez.....

M. PÉTELLE.

Je crains que vous ne veniez en grossir le nombre. Je
crois que je ferai bien de prendre ou plutôt d'essayer l'un
de vous deux ; un seul me suffit, et je prendrai le meilleur.

LE GASCON.

Eh ! bien, monsieur, je suis à vous.

LE NORMAND.

Oui, c'est çà. (Haussant les épaules de pitié). En voilà un toupet
de gascon.

LE GASCON.

Qué qu'il te faut, normand ?

LE NORMAND.

Je dis que monsieur fait un bon choix, s'il veut un homme
d'esprit.

LE GASCON (avec colère).

J'ai de l'esprit comme un autre, oui, entends-tu, normand ?

M. PÉTELLE.

Paix, mes amis.

LE GASCON.

C'est vrai ; que vient-il dire que je suis sans esprit.....
qu'il le prouve. J'en ai beaucoup ; mêmement je sais qu'il
fait bon en avoir, car on a toujours quelques bêtises à dire,
n'est-il pas vrai, monsieur?

M. PÉTELLE.

Ce n'est que trop vrai.

LE NORMAND.

Ton esprit! pourrais-tu me dire où il est ton esprit?

LE GASCON.

Parbleu, ça se demande-t-il, ces choses là? il est dans ma
tête, on sait bien que ça ne se met pas dans les poches.

LE NORMAND.

Dans la tête? dis donc tout autour.

LE GASCON.

Laisse donc; trouve un homme qui ait été aussi bien
éduqué que moi; et toi qui t'en piques, je gage que je te
fais des questions qui te mettent dans un embarras embar-
rassant.

LE NORMAND.

Gage que non?

LE GASCON.

Tu as perdu. Allons, ça va; d'abord qu'est-ce que la mé-
decine.

LE NORMAND.

Ah! c'est l'art par excellence; n'est-ce pas, monsieur?

M. PÉTELLE.

Oui, c'est vrai.

LE GASCON.

Il n'y a déjà pas de lard là dedans.
Encore! Qu'y avait-il de plus exposé au palais de cristal,
à Londres?

LE NORMAND.

De plus exposé?

LE GASCON.

Oui, de plus exposé.

LE NORMAND.

C'était... Eh ! bien quoi ? c'était l'exposition.

LE GASCON.

Du tout : c'était les poches des voyageurs.

LE NORMAND.

Allez deviner ça !...

LE GASCON.

A une autre. Pourquoi en hiver le soleil se lève-t-il si tard ?

LE NORMAND.

Ah ! ça, je l'ignore.

LE GASCON.

Ah ! tu l'ignores, normand ? c'est pourtant bien simple : c'est parce qu'il fait si froid qu'il ne peut se résoudre à se lever matin.

LE NORMAND.

Où va-t-il chercher ces choses-là ?

LE GASCON.

Encore. Il y a douze oiseaux sur un arbre : un chasseur vient et en tue trois, combien en reste-t-il ?

LE NORMAND.

Parbleu, il en reste neuf.

LE GASCON.

Pas du tout ; il n'en reste point, car les autres s'envolent.

LE NORMAND.

Tiens..... encore ! il faudrait être sorcier pour deviner ces bêtises-là. Eh ! bien, puisque tu es si fin, tu vas me donner un remède ou un conseil : j'ai grand mal à un œil, que faut-il faire ?

LE GASCON.

Voici : l'an passé, j'avais grand mal à une dent, je la fis arracher et je fus guéri sur-le-champ. C'est à toi de voir ce que tu as à faire.

**LE NORMAND.**

En voilà un remède d'un genre nouveau !

**M. PÉTELLE.**

Allons, allons, je vois que le gascon vant bien le normand, je vais garder l'un et l'autre. Mais, comme je vous l'ai dit, je vais vous éprouver pendant huit jours sur la probité. Je vais donc commencer par vous donner aujourd'hui deux commissions. (Il sort et rentre presque aussitôt.) Voici, ( se tournant vers le gascon.) Voici un panier renfermant trois beaux lapins que vous allez porter à mon ami Cassecroux, rue Quincampoix, numéro 20. Vous rappellerez-vous cette adresse ?

**LE GASCON.**

Elle est si difficile ! (avec volubilité) M. Casse-croûte, rue des cinq cents (il s'arrête paraissant chercher puis tout-à-coup) rue des cinq cents haricots !

**M. PÉTELLE.**

Rue Quincampoix...

**LE GASCON.**

Ah ! oui, mais c'est toujours la même chose des haricots ou des pois.

**M. PÉTELLE.**

Ce n'est pas du tout la même chose : laisse-moi tes haricots, et dis : Rue Quincampoix.

**LE GASCON.**

Bon, ça z'y est : Rue Quincampoix, chez l'ami Cassecroûte.

**M. PÉTELLE.**

Laissez-moi votre croûte et dites : Cassecroux.

**LE GASCON.**

C'est ça, c'est ça : Cassecou.

**M. PÉTELLE.**

Mais enfin vous me défigurez encore ce nom : c'est Cassecroux.

**LE GASCON.**

Ah ! bon, j'y suis : Cassecroux. Enfin c'est un nom qu casse toujours quelque chose.

**M. PÉTELLE,**

C'est cela ; tu lui remettras les lapins et cette lettre.

**LE GASCON.**

Bien, monsieur, j'y vais immédiatement. (Il sort.)

**M. PÉTELLE.**

D'autre part, (s'adressant au normand) vous allez vous-même faire une autre petite commission. Voici une bourse; elle contient 100 francs en pièces de 20 francs ; vous allez porter immédiatement cette somme à monsieur Grippetou, marchand de vins, rue de l'Arbre-Sec, numéro 4. Répétez.

**LE NORMAND.**

Voici : chez monsieur Grippetou, marchand de vins, rue de l'Arbre-Sec, numéro 4.

**M. PÉTELLE.**

Très-bien ; soyez bientôt de retour. (M. Pételle sort.)

**LE NORMAND.**

Oui, monsieur. (Seul sur le théâtre.) Diantre ! (Il tient la bourse à la main et la regarde.) Voilà de l'argent tout neuf ; je crains que ça ne tombe en de vilaines mains. Monsieur Grippetou a assez grippé, ce devrait être à mon tour. Oui, j'ai envie au moins de prendre un à-compte. C'est ça ; personne ne me voit ; (il regarde autour de lui) il faut que je chippe un louis. (Il en prend un.) Un louis c'est joli ; mais il y a quelque chose de plus joli qu'un louis, ce sont deux louis. Oui, j'ai envie (il en sort un autre) : un de moins dans la bourse et un de plus dans ma poche. Partons maintenant. (Il va et revient sur ses pas.) J'ai encore des inquiétudes ; j'ai de plus en plus soif. Une idée qui me pousse : deux louis ne valent pas autant que cinq louis, je fais rafle de la bourse ; c'est ça ; avec un peu d'effronterie et de chance, je m'en sortirai ; je dirai à mon maître que la commission est faite et ce sera fini. Du reste, j'ai du bonheur moi, ces petits tours de main m'ont toujours bien réussi. (Voyant rentrer le gascon.) Tiens, te voilà.

**LE GASCON.**

Eh ! oui, me voici avec mes deux lapins.

**LE NORMAND.**

Comment, deux ? on t'en avait remis trois.

**LE GASCON.**

L'autre s'est sauvé.

LE NORMAND.

Comment sauvé! Ce lapin avait donc des jambes de lièvre ?

LE GASCON.

Quand je dis qu'il s'est sauvé je veux dire qu'il est descendu.

LE NORMAND.

Descendu ?

LE GASCON.

Eh! oui, il est descendu dans l'estomac en passant par le gosier.

LE NORMAND.

Gourmand !

LE GASCON.

Je viens de le manger avec un camarade, afin d'en bien savoir le goût; je puis maintenant les remettre en toute confiance et les garantir à monsieur Casse-croûte.

LE NORMAND.

C'est mal agir, mon cher; tu vas en recevoir une qui.....

LE GASCON.

Et l'estomac donc lorsqu'il crie à vous fendre les oreilles, ça vous touche; on n'a pas des cœurs de pierre.

LE NORMAND.

On le laisse crier. Tu n'as donc pas encore été chez monsieur Cassecroux.

LE GASCON.

Monsieur Cassecroux n'y était pas: j'ai rapporté les lapins afin d'y retourner et les lui remettre à lui-même, car il faut toujours faire comme il faut les commissions dont on vous charge.

LE NORMAND.

Et les gens de la maison t'ont-ils bien reçu ?

LE GASCON.

Ah! Je crois bien : on voulait me faire manger.

LE NORMAND.

Comment? te faire manger?

**LE GASCON.**

Eh ! oui ; on a lâché deux gros chiens qui ont failli me dévorer.

**LE NORMAND.**

Tiens, voilà monsieur Cassecroux. (Il entre juste du même côté que le gascon est entré tout-à-l'heure.)

LE GASCON (se retournant et courant, le chapeau et le panier à la main au-devant de monsieur Cassecroux).

Monsieur Cassecroux, voici deux lapins et une lettre que mon maître vous envoie.

M. CASSECROUX. (Il lit la lettre.)

Voyons ces superbes lapins..... Mais, mon ami, cette lettre m'annonce trois lapins ?

LE GASCON.

Oui, monsieur, trois lapins.

M. CASSECROUX.

Mais je n'en vois ici que deux.

LE GASCON.

Oui, monsieur, deux lapins.

M. CASSECROUX.

Cependant par cette lettre on m'en annonce trois.

LE GASCON.

Oui, monsieur, trois lapins.

M. CASSECROUX.

Mais, je vous le répète, je n'en vois que deux.

LE GASCON.

Oui, monsieur, deux lapins.

M. CASSECROUX.

Mais vous ne me comprenez pas, sans doute. Voyons : vous m'apportez à cette heure deux lapins, n'est-ce pas ?

LE GASCON.

Oui, monsieur, deux lapins.

M. CASSECROUX.

Et il m'en faut trois, d'après la lettre.

LE GASCON.

Oui, monsieur, trois lapins.

M. CASSECROUX.

Mais je n'ai jamais vu pareil original. Ecoutez-moi ; je m'explique clairement, je crois : Voici bien deux lapins ?

LE GASCON.

Oui, monsieur, deux lapins.

M. CASSECROUX.

Eh ? bien, il m'en faut trois.

LE GASCON.

Oui, monsieur, trois lapins.

M. CASSECROUX (à part).

Décidément ce garçon-là est fou. Donnez-moi une plume, de l'encre et du papier. (Il écrit une lettre, la plie et la donne au gascon pour la remettre à son ami.) Tiens, mon garçon, tu remettras cette lettre à ton maître. (M. Cassecroux sort.)

LE GASCON.

Le voilà parti.

LE NORMAND.

Oui, mais notre maître ne tardera pas de rentrer, et il pourrait bien te donner une potion qui te ferait digérer le lapin d'une façon que..... tu comprends ?

LE GASCON.

Moi, je ne comprends qu'une chose, c'est que, quand c'est bon c'est pas mauvais, et un lapin est toujours bon excepté pourtant quand c'est du chat ; oui, du chat.....

LE NORMAND.

Ne dis pas du mal des chats, mon ami ; outre qu'ils nous rendent le petit service de croquer les rats, ils ont encore l'avantage..... parles-en aux anciens, aux vieux de la vieille, qui ont suivi le petit caporal dans ses promenades à travers le globe.

LE GASCON.

Eh ! bien, ils mangeaient des chats ?

### LE NORMAND.

Et des rats aussi avec le même plaisir que nous mange-
rions des cailles rôties. Tu ne sais donc pas l'histoire de
cette grande époque? Mon grand-père m'a répété cela
tant de fois qu'il me semble entendre encore sa voix me
bourdonner aux oreilles.

### LE GASCON.

Raconte-moi ça; en attendant je digèrerai le lapin.

### LE NORMAND.

Soit : Ecoute bien.

Je vais te raconter l'histoire de ce particulier, qui est
Napoléon, que tu n'es pas sans en avoir entendu parler. Et
que tu ne me coupes pas, car vois-tu, ce que je vas dire,
c'est la pure vérité, que je tiens de mon grand-père, qui
l'a beaucoup connu étant tambour dans le 27ᵉ, et qui jouit
d'une jambe de bois pour le moment; mais ce n'est pas là
l'affaire. Cet homme est venu au monde dans l'île de
Corse... pour toi qui n'es pas fort sur les localités, je te
dirai que l'île de Corse est un pays situé à deux portées de
fusil de la mer, et ousque les habitants ont l'habitude fati-
gante de s'assassiner de père en fils, uniquement dans le
but de se divertir. C'est une idée qu'ils ont... bon !

### LE GASCON.

Je n'aimerais pas habiter cette contrée.....

### LE NORMAND.

Voilà donc un homme qui est né, très-bien !..... Ses parents
le mettent à l'école militaire; rempli de dispositions, avec
un petit chapeau à trois cornes, les mains sur le dos, imi-
tant déjà son portrait, tirant vingt mille coups de canon à
l'heure. (A ce que dit mon grand-père, tambour dans le 27ᵉ,
et qui jouit d'une jambe de bois.) Ce jeune homme travail-
lait beaucoup, qu'il en avait les yeux creux..... piocheur à
mort ! Voyant ça, les maîtres d'école disent : voilà un jeune
homme qui a réellement du goût pour l'artillerie..... Alors,
à force de piocher, et étant parvenu à un âge... très-jeune,
le voilà général... très-maigre, mais des grands che eux.....
oh ! de grands cheveux, par exemple... ah ! quels cheveux

il avait ! Le gouvernement de cette époque était composé de cinq particuliers ornés de plumes... Le gouvernement le fait venir et lui dit : Ah ! çà, mon bonhomme, c'est pas tout ça, il faut que tu t'en ailles en Italie, ousque les Autrichiens nous embêtent... à quarante sous par tête, et il faut que tu leur donne une poussée terrible. Lui qui entend ça (avec sa figure jaune et ses grands cheveux qu'il avait toujours), il se croise les mains sur le dos, et l'autre dans son gilet, et il leur dit : Convenu ! assez causé !... et il file en Italie ; il traverse le Saint-Bernard, une montagne élevée, où il y a un hospice... oh ! mais là, un fameux hospice, tenu par des moines. Ils ont des chiens caniches, qui sont chargés par le gouvernement d'aller gratter les particuliers sous les neiges, pour sauver la vie des piétons qui sont décédés dans les frimas. (D'un ton posé.) C'est une grande philanthropie de la part de ces caniches-là !

### LE GASCON.

Moi, je n'aimerais pas ça, n'ayant pas été dressé à la chose... faut être petit, faut être pris tout petit pour cette profession-là.

### LE NORMAND.

Je crois bien. Une fois en Italie... Ah ! c'est là qu'il a administré aux Autrichiens une pile... célèbre, que ces pauvres diables disaient en autrichien, qui est leur langue : *En v'là assez, nous n'en jouons plus ; nous aimons mieux autre chose.* Napoléon, leur ayant procuré une dégelée aussi majeure, revient à Paris avec des millions de milliasses de drapeaux et autres objets glorieux ; mais ce n'est pas là l'affaire..... Voilà mon luron qui part pour l'Egypte... Ah ! mon ami, c'est là un territoire maussade (à ce que m'a dit mon grand-père qui était tambour dans le 27e, et qui jouit d'une jambe de bois pour le moment), un pays ousqu'il fait cent soixante degrés de chaleur en plein cœur de l'hiver, et où vous ne rencontrez pour vous désaltérer que du sablon fin, fin, fin et des *cocodrilles* qui se promènent, comme de bons bourgeois, avalant les chrétiens avec armes et bagages. Et pas de maisons ; dans cette Egypte, y a pas à dire, pas d'auberges, la grêle en nature ; et puis de vieilles colonnes cassées, hors de service, et de grands scélérats de pains de sucre en pierre, ousque ces gens-là tiennent leurs monarques au frais. Ce qui paraît leur plaire généralement, ce sont les pyramides, ainsi nommées vu leur forme pyramidale.

LE GASCON.

Ah !...

LE NORMAND.

C'est à cette époque que les Mamelucks ont eu de l'agrément... tous ceux qui n'ont pas eu le bonheur suprême d'attraper un boulet de canon, se sont trouvés provisoirement noyés dans le Nil, très-parfaitement bien. Napoléon, qui n'était encore que Bonaparte, voyant cette grande infusion de Mameluks, dit : Voilà qui est délicieux ! Le fait est que plusieurs se noyèrent au nombre de vingt mille... Ceux qu'on n'est point parvenu à repêcher restèrent dans le fleuve.

LE GASCON.

C'est y pas malheureux !

LE NORMAND.

Après ça Napoléon revient encore en France. Puis départ pour la Russie avec huit cent mille lapins.

LE GASCON.

Ah ! oui raconte ça.

LE NORMAND.

Mais voilà un voleur de froid, une froid que le feu gelait... c'est égal, les soldats disaient : Allons toujours, le petit caporal est avec nous, roule ta bosse, car cet homme-là, voyez-vous, les soldats le chérissaient beaucoup, et il leur aurait dit : Il faut aller prendre la lune, qu'ils auraient crié : Grimpons !... et ils l'auraient prise, que j'en suis sûr, ils l'auraient prise malgré la difficulté que ça présente au premier abord.

LE GASCON.

Tiens, voilà notre maître.

M. PÉTELLE.

Ah ! vous voici déjà tous les deux ? c'est bien : voyons, l'homme aux lapins, avez-vous bien fait votre commission ?

LE GASCON.

A merveille, monsieur. Voici une lettre que m'a prié de vous remettre votre ami Cassecroux. (Monsieur Pételle lit la lettre.)

M. PÉTELLE.

Mais, malheureux, qu'as-tu fais? Je t'ai donné trois lapins.

LE GASCON.

Oui, monsieur, trois lapins.

M. PÉTELLE.

Mon ami me répond qu'il n'en a reçu que deux?

LE GASCON.

Oui, monsieur, deux lapins.

M. PÉTELLE.

Comment, vous deviez lui remettre trois lapins.

LE GASCON.

Oui, monsieur, trois lapins.

M. PÉTELLE.

Mais, je vous le répète : mon ami n'en a reçu que deux.

LE GASCON.

Oui, monsieur, deux lapins.

M. PÉTELLE.

Encore, imbécile! Finissons : ce matin je vous ai donné trois lapins?

LE GASCON.

Oui, monsieur, trois lapins.

M. PÉTELLE.

Eh! bien, il en manque un. Dites-moi, de ce lapin n'auriez-vous pas dîné?

LE GASCON.

Ah! monsieur, vous n'êtes pas si bête que votre ami, vous avez deviné.

M. PÉTELLE.

Eh! bien, à votre tour, devinez ce qui vous pend aux oreilles.

LE GASCON.

Monsieur, grâce, pour cette fois, je n'en ai pris qu'un.

M. PÉTELLE.

Il fallait tous les manger. Tu as des regrets peut-être.

C'est bien. (S'adressant au normand) : Voyons, à votre tour, rendez-moi réponse. Vous avez eu bientôt fait la commission ?

LE NORMAND.

Sans doute, monsieur, je suis parti au pas de course et suis revenu de même.

M. PÉTELLE.

Ah ! Et que t'a dit M. Grippetou ?

LE NORMAND.

Ce qu'il m'a dit ?

M. PÉLELLE.

Oui, ce qu'il t'a dit.

LE NORMAND.

Il m'a dit : voilà, je vous remercie bien.

M. PÉTELLE.

Et moi je viens de le rencontrer et il m'a dit qu'il n'avait rien reçu.

LE NORMAND.

Justement ; j'ai remis l'argent à sa femme, laquelle s'est chargée de le lui donner.

M. PÉTELLE.

Que dis-tu ? tu as remis l'argent à sa femme, mais il est veuf depuis trois ans. Allons, allons, ce ne sont pas des mensonges que je veux, c'est de l'argent. Remets-moi à l'instant mes cent francs, sinon je fais signe aux gendarmes.

LE NORMAND.

Ayez pitié de moi, monsieur.

M. PÉTELLE.

Pas de pitié pour les fripons. Rendez-moi vite mes cinq louis.

LE NORMAND (mettant lentement la main dans la poche).

Voilà, monsieur (Il rend la bourse). Au moins maintenant, pardonnez-moi, car...

LE GASCON (regardant le normand).

Tiens, comme il y va, celui-là..... et tout à l'heure il me reprochait un lapin !

M. PÉTELLE.

Me voici donc entre deux fripons. Il faut avouer que je n'ai pas de chance : j'ai déjà cinq domestiques pendus dans la maison et ces deux vont faire sept ; sept pendus dans un an.

LE NORMAND.

Grâce, monsieur, nous n'y reviendrons plus.

LE GASCON.

Oh! oui, monsieur, pour le sûr.

M. PÉTELLE.

Peut-on se fier à vos promesses?

LE NORMAND.

Monsieur, je vous ai tout rendu jusqu'à la bourse.

LE GASCON.

Monsieur, je n'ai volé qu'un lapin.

M. PÉTELLE.

N'est-ce donc rien qu'un lapin?

LE NORMAND.

C'est la première fois, monsieur.

LE GASCON.

Un lapin seulement, monsieur, et encore le plus petit.

M. PÉTELLE.

Aujourd'hui, il n'y a plus de bons domestiques.

LE NORMAND.

Dans mon pays, on n'est pas si sévère ; j'ai tant volé de fois chez nous, ça passait toujours.

LE GASCON.

Et moi, pardine, je ne faisais que ça.

M. PÉTELLE.

Ah ! c'est peut-être votre métier? Vous avez manqué de bons principes et de bons parents, sans doute. C'est fâcheux et je vous plains, aussi je vais......

LE GASCON.

Ah! monsieur.....

LE NORMAND.

Que vous êtes bon !

M. PÉTELLE.

Je vais en cette considération commuer votre peine : la pendaison sera remplacée par la bastonnade.

LE GASCON.

Merci, monsieur.

**LE NORMAND.**

Oh ! oui, grand merci, monsieur ; une bonne bastonnade, nous la méritons.

**M. PÉTELLE.**

Eh ! bien. (S'adressant au gascon.) Allez-moi chercher un bâton. (Il se retourne.) Tiens en voici un ! (Il en prend un qui se trouve sur le théâtre.)

**LE GASCON.**

Mais c'est y tout de bon, monsieur, que vous allez taper ?

**M. PÉTELLE.**

Oui, et je vais commencer par vous. (Il lève le bâton.)

**LE GASCON.**

Oh ! monsieur, pas sur le dos, je vous prie, car une petite bosse.....

**M. PÉTELLE.**

Eh ! bien, je l'applatirai.

**LE GASCON.**

Oh ! monsieur, vous n'êtes pas si cruel pour....

**M. PÉTELLE.**

Eh ! bien, sur les reins, alors.

**LE GASCON.** (Portant les mains aux reins.)

Monsieur, de grâce, pas sur les reins, ils sont brisés depuis une chute.

**M. PÉTELLE.**

Frappons donc plus bas.

**LE GASCON.**

Oh ! monsieur, du tout.

**M. PÉTELLE.**

Mais alors, où voulez-vous que je frappe, vous avez mal partout ?

**LE GASCON.**

Mon camarade est plus robuste que moi ; frappez sur lui, en attendant, je réfléchirai. Du reste, monsieur, n'oubliez pas que je n'ai pris qu'un lapin.

**M. PÉTELLE.**

Voyons donc le camarade.

**LE NORMAND.**

Eh! oui, c'est ça, lui qui a un bon lapin dans le ventre et moi qui n'y ai que la colique, c'est à moi à payer le premier.

**M. PÉTELLE.**

Je ne veux pas des phrases, je veux une échine; tournez-vous. (S'adressant au normand.) de grâce, sinon....

**LE NORMAND.** (Tournant un peu le dos.)

Eh! bien, puisqu'il le faut, frappez où vous voudrez, mais doucement, s'il vous plaît, monsieur. Tiens, tiens, voilà l'autre qui se sauve. (Le gascon sort précipitamment.) Eh!

**M. PÉTELLE.** (Se retournant et courant après le gascon.)

Oh! eh! arrêtez. Eh! au voleur, eh! là bas, arrêtez, au filou! au voleur! (Pendant ce temps le normand s'évade de l'autre côté et M. Pételle court sur ses pas en criant :) Arrêtez, arrêtez; vous la paierez, coquin! (Il retourne du côté où le premier est sorti, puis il retourne à gauche, puis il revient encore en criant toujours.) Hé! les gendarmes, hé! la police. Oui, la police, il n'y en a plus, il n'y a aujourd'hui que des polissons. C'est temps que le monde finisse. (Il vient au milieu du théâtre et dit : )

Air connu :

Messieurs, mon plan est arrêté.
Désormais, sans plus d'insistance
Pour mon bonheur et ma santé,
De tout valet je me dispense.
Puisse l'exemple être imité !
Mais lorsque la nécessité
Oblige à prendre cette engeance,
Comment faire alors, direz-vous.
Messieurs, le voici sans rancune :
Allez les chercher dans la lune,
Ou tâtez-leur dix fois le pouls.

Saint-Etienne, impr. Benevent, rue de la Loire, 3.

Librairie PASTEUR, rue Froide, à Saint-Étienne (Loire).

# DIALOGUES AMUSANTS

## ET SCÈNES COMIQUES

*Pour distributions de prix, fêtes de famille, récréations littéraires*

### Dialogues amusants, par A. F.

1° Le Fils Rigolo et le Père Mathurin.........prix. 1 fr.

2° Les Bossus................................. 1

3° Jean La Grignole ou le Siècle du Progrès....... 1

4° La Veille d'une distribution de prix........... 1

Les quatre Dialogues assortis...... ............. 3

Dans chacun de ces dialogues sont insérées ou indiquées deux ou trois chansonnettes comiques (paroles et musique) en harmonie avec le sujet de l'entretien. Chaque dialogue est également suivi de deux ou trois fables et d'un compliment.

### Scènes comiques, par Jovial et Frisepoulet.

1° Jacques Godiche, ou le Jeune homme timbré..prix. 1ᶠ »

2° Normand et Gascon, ou l'embarras du choix...... 1 »

3° L'Anglais mal servi, ou les étourderies de Pierre
   Léveillé.............................. 1 »

Les trois scènes comiques assorties.............. 2 50

Envoyer un mandat ou des timbres-poste si la somme n'excède pas trois francs, à M. PASTEUR, libraire, rue Froide, à Saint-Étienne (Loire). — On expédie *franco*.

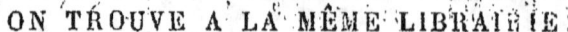

ON TROUVE A LA MÊME LIBRAIRIE :

# COURS
### NOUVEAU ET COMPLET
##### DE
# DICTÉES GRADUÉES
**ACCOMPAGNÉES :**
1° des Exercices élémentaires et orthographiques ;
2° du Corrigé ;
3° de Modèles d'analyses grammaticales,
(QUATRE LIVRES en un seul form. un volume de 300 pages : cart. 2 f. 50)
par
**ABEL FABRE.**

Il est reconnu que des élèves de neuf à dix ans, doués d'une intelligence ordinaire, peuvent, bien dirigés, apprendre et posséder, au bout de deux ans, l'orthographe des règles et l'orthographe d'usage. Nous parlons du reste en toute connaissance de cause. Eh! bien, ce résultat est loin d'être généralement obtenu. Je prends le premier livre de devoirs qui me tombe sous la main, il est aujourd'hui dans un grand nombre d'écoles. Voici une des premières dictées données aux commençants : *Les marchands de nouveautés déploient leurs draps, leurs étoffes, leurs rubans ; les merciers mettent en ordre leur fil et leurs aiguilles ; le chêne et le roseau sont deux végétaux bien différents, etc.* Des enfants qui ne connaissent encore ni les règles d'accord de l'adjectif, ni celles du verbe sont ainsi obligés d'écrire une longue dictée où sept ou huit règles de grammaire trouvent leur application. En conscience, le maître peut-il gronder ou punir des élèves qui remplissent de fautes une telle dictée ? A quoi servira de la corriger ? A quoi servent des corrections qu'on ne comprend pas ? Vous faites errer les enfants dans la nuit et vous êtes vous-même. On doit toujours marcher sur un terrain sûr, ne donner l'exercice et la dictée à l'élève qu'autant qu'il possède parfaitement les règles dont on va faire l'application, et l'on ne doit faire entrer dans la dictée aucun mot dont il ne puisse se rendre compte. Mais, chose étrange ! un livre qui a sa place naturelle et nécessaire sur le bureau de l'instituteur et de l'institutrice, un livre de dictées *véritablement* graduées, suivant pas à pas la grammaire et l'exercice, et formant d'une manière sûre et complète l'élève à l'orthographe grammaticale et à l'orthographe d'usage, eh bien, ce livre n'existait pas. Après de longues et inutiles recherches, M. Abel Fabre a été obligé de composer lui-même et de rassembler les matériaux de cet ouvrage. Ces dictées ainsi graduées ont déjà passé au creuset de l'expérience. Les avantages qu'on en a retirés sont grands et incontestables. L'auteur est heureux de les faire connaître, afin d'avoir le plaisir de les faire partager.

### SOUS PRESSE :
**Choix de Compositions françaises** (canevas et corrigés) anecdotes, historiettes, fables, contes, narrations, descriptions, etc., précédées des *Exercices syntaxiques* et du *Corrigé*. (Quatre livres en un seul).

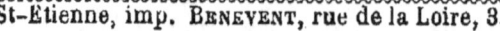

St-Étienne, imp. BENEVENT, rue de la Loire, 3.

www.ingramcontent.com/pod-product-compliance
Lightning Source LLC
Chambersburg PA
CBHW030126230526
45469CB00005B/1826